My First Read Coloring Book

English - Polish

The one is saying its name.

Ten mówi swoją nazwę.

Number one got first place at a competition.

Numer jeden zdobył pierwsze miejsce na zawodach.

I have one nose.

Mam jeden nos.

The number "zero" is saying, Ok.

Liczba „zero" mówi: Ok.

The zero is saying fine by making the okay gesture.

Zero mówi dobrze, wykonując dobry gest.

I have 0 tails.

Mam 0 ogonów.

The rabbit is thinking about something.

Królik myśli o czymś.

The rabbit is confused.

Królik jest zdezorientowany.

The rabbit has long ears.

Królik ma długie uszy.

That boy works in a band and plays the drum.

Ten chłopak pracuje w zespole i gra na perkusji.

The drummer is leading a huge costume parade.

Perkusista prowadzi wielką paradę kostiumów.

He looks joyful.

Wygląda na radosnego.

The bee is wearing a pink pacifier to calm itself.

Pszczoła nosi różowy smoczek, aby się uspokoić.

The baby bees have very tiny wings.

Małe pszczoły mają bardzo małe skrzydła.

The baby bee has yellow and black stripes.

Pszczoła ma żółte i czarne paski.

The cereal box got a magician set for Christmas.

Pudełko z płatkami dostało zestaw magów na Boże Narodzenie.

The boy got a wizard action figure for his birthday.

Na urodziny chłopiec otrzymał figurkę czarodzieja.

The book has a wand.

Książka ma różdżkę.

The goat is eating grass.

Koza je trawę.

The goat is grazing in the meadow.

Koza pasie się na łące.

The goat is sleepily walking around.

Koza sennie spaceruje.

The chef serves delicious-looking food.

Szef kuchni serwuje pyszne jedzenie.

The chef made yummy pasta for everyone to share.

Szef kuchni przygotował pyszne makarony, którymi każdy może się podzielić.

The chef has a napkin.

Szef kuchni ma serwetkę.

The dragon just ate something spicy, so he needed water.

Smok po prostu zjadł coś pikantnego, więc potrzebował wody.

The dragon is very thirsty.

Smok jest bardzo spragniony.

The dragon is sick.

Smok jest chory.

The elephant has a long trunk to spray water.

Słoń ma długi pień do rozpylania wody.

The elephant has a long trunk.

Słoń ma długi bagażnik.

The elephant lives in the zoo.

Słoń mieszka w zoo.

We use the umbrella when it's raining.

Używamy parasola, gdy pada deszcz.

The umbrella shelters you.

Parasol Cię chroni.

It's raining.

Pada deszcz.

The wizard likes to work with magic.

Czarodziej lubi pracować z magią.

The wizard is going to summon a great big dragon.

Czarodziej wezwie wielkiego, wielkiego smoka.

The magician has a wand.

Mag ma różdżkę.

The animals are having a big celebration.

Zwierzęta mają wielkie święto.

The animals invited the monkey and the parrot to join their sleepover.

Zwierzęta zaprosiły małpę i papugę, aby przyłączyły się do nocowania.

I went to the zoo.

Poszedłem do zoo.

The small cow has orange hair on the top of its head.

Mała krowa ma pomarańczowe włosy na czubku głowy.

The little cow will eventually be a big one.

Mała krowa w końcu będzie duża.

The young calf is walking in the field.

Młode cielę chodzi po polu.

The dragon is playing the guitar.

Smok gra na gitarze.

The dinosaur's dream is to become a wonderful rock star.

Marzeniem dinozaura jest zostać cudowną gwiazdą rocka.

The dinosaur is a rock star.

Dinozaur jest gwiazdą rocka.

Santa is having fun.

Święty Mikołaj dobrze się bawi.

Santa Claus is laughing at a hilarious joke.

Święty Mikołaj śmieje się z komicznego dowcipu.

Santa is fat.

Święty Mikołaj jest gruby.

The dog is playing with a bone.

Pies bawi się kością.

The dog likes to lick the bone.

Pies lubi lizać kość.

The dog likes to play.

Pies lubi się bawić.

The delivery man sent us a package.

Doręczyciel przysłał nam paczkę.

The workman is towing some heavy boxes.

Robotnik holuje ciężkie skrzynie.

He is sleepy.

On jest śpiący.

He is going to work with his suitcase.

Będzie pracował ze swoją walizką.

The businessman is calling his boss.

Biznesmen dzwoni do swojego szefa.

He has a walkie talkie.

Ma krótkofalówkę.

The walrus has unusually sharp teeth.

Mors ma niezwykle ostre zęby.

The walrus has a tail.

Mors ma ogon.

The walrus has a friend.

Mors ma przyjaciela.

I love to drink strawberry juice.

Uwielbiam pić sok truskawkowy.

The strawberry is drinking cold refreshing juice.

Truskawka pije zimny orzeźwiający sok.

The strawberry is red.

Truskawka jest czerwona.

The frog is smiling because it is happy.

Żaba uśmiecha się, ponieważ jest szczęśliwa.

The frog is happy and excited.

Żaba jest szczęśliwa i podekscytowana.

The frog has a big smile.

Żaba ma duży uśmiech.

The iguana is hiding behind the letter I.

Legwan chowa się za literą I.

The iguana is curling around the alphabet.

Legwan kręci się wokół alfabetu.

The iguana has a long tail.

Legwan ma długi ogon.

The xylophone is an instrument like the piano.

Ksylofon to instrument podobny do fortepianu.

The xylophone is a very cool instrument.

Ksylofon to bardzo fajny instrument.

The xylophone is a colorful instrument.

Ksylofon to kolorowy instrument.

He is playing a lively tune on his flute.

Gra żywą melodię na flecie.

The boy is practicing the flute to be ready at school.

Chłopiec ćwiczy flet, aby być gotowym w szkole.

He is a musician.

On jest muzykiem.

The lion is big.

Lew jest duży.

The lion is chasing its tail.

Lew goni ogon.

The lion is timid.

Lew jest bojaźliwy.

An owl is teaching the kids in school about work.

Sowa uczy dzieci w szkole o pracy.

Mr. Owl teaches the 3rd grade.

Mr. Owl uczy 3 klasy.

The owl is a language arts teacher.

Sowa jest nauczycielką sztuk językowych.

The Easter Bunny is painting a chocolate egg.

Zajączek maluje czekoladowe jajko.

The Easter Bunny likes to paint eggs.

Zajączek lubi malować jajka.

The rabbit is entering an egg painting contest.

Królik bierze udział w konkursie malowania jajek.

Santa is lugging a large brown bag of gifts to his sley.

Święty Mikołaj dźwiga swoją skarpetę dużą brązową torbę prezentów.

Santa Claus is carrying a leather bag filled with gifts.

Święty Mikołaj niesie skórzaną torbę wypełnioną prezentami.

Santa is going to give out presents.

Święty Mikołaj rozdaje prezenty.

Mr. Snowman is celebrating Christmas by the decorated tree.

Pan Snowman świętuje Boże Narodzenie przy ozdobionym drzewie.

The snowman is having a Christmas party.

Bałwan ma przyjęcie świąteczne.

This snowman is my friend, and he is a helper of Santa.

Ten bałwan jest moim przyjacielem i jest pomocnikiem Świętego Mikołaja.

The chicken is saying hello to us.

Kurczak przywitał się z nami.

The white chicken is wearing an artist's hat.

Biały kurczak ma na sobie kapelusz artysty.

The rooster has a big beak.

Kogut ma duży dziób.

The gardener is going to plant flowers

Ogrodnik zamierza sadzić kwiaty

The gardener is going to plant some seeds.

Ogrodnik zasadzi trochę nasion.

The farmer has a beard.

Rolnik ma brodę.

The animals are happy being together again.

Zwierzęta cieszą się, że znów są razem.

The animals are having a giant sleepover.

Zwierzęta mają gigantyczny sen.

There are a lot of animals.

Jest dużo zwierząt.

This dog is wagging its tail for more treats.

Ten pies macha ogonem, by zdobyć więcej smakołyków.

The dog has a golden collar.

Pies ma złoty kołnierz.

That is a fat dog!

To gruby pies!

The waiter is serving juice.

Kelner podaje sok.

The waiter is serving fresh lemonade to a family.

Kelner podaje rodzinie świeżą lemoniadę.

He is wearing a bowtie.

On ma muszkę.

The rabbit goes out to buy more orange carrots.

Królik wychodzi, aby kupić więcej pomarańczowych marchewek.

The rabbit just plucked some carrots out of the garden.

Królik właśnie wyciągnął marchewkę z ogrodu.

The Easter Bunny is going to give out chocolate eggs.

Zajączek wyda czekoladowe jajka.

Santa gave reindeer a big present.

Święty Mikołaj dał reniferowi duży prezent.

The reindeer is late to give his present to his friends.

Renifer spóźnia się, by dać prezent swoim przyjaciołom.

Reindeer has a scarf.

Renifer ma szalik.

The boy is having fun playing with a yoyo.

Chłopiec dobrze się bawi z yoyo.

The kid has a very colorful yoyo.

Dzieciak ma bardzo kolorowe yoyo.

The boy has a little hat.

Chłopiec ma mały kapelusz.

The old goat is proud of its golden bell.

Stara koza jest dumna ze swojego złotego dzwonu.

The goat has four hooves.

Koza ma cztery kopyta.

The goat has a friend.

Koza ma przyjaciela.

The red and black ladybug is just done eating some leaves.

Czerwona i czarna biedronka właśnie skończyła jeść liście.

The ladybug is eating a piece of lettuce.

Biedronka je kawałek sałaty.

The ladybug has many spots.

Biedronka ma wiele miejsc.

The postman is giving out the mail in the early morning.

Listonosz rozdaje pocztę wczesnym rankiem.

The postman is delivering mails at the crack of dawn.

Listonosz dostarcza pocztę o świcie.

The man has a hat.

Mężczyzna ma kapelusz.

The waiter is serving steaming hot pizza.

Kelner podaje gorącą pizzę na parze.

The chef just took the pizza oven

Szef kuchni właśnie wziął piec do pizzy

The pizza looks delicious.

Pizza wygląda przepysznie.

The engineer is holding a wrench.

Inżynier trzyma klucz.

The engineer is going to fix a fancy blue car.

Inżynier naprawi fantazyjny niebieski samochód.

He has a suitcase.

On ma walizkę.

The boy is late for school, so he is sprinting.

Chłopiec spóźnia się do szkoły, więc biegnie.

The boy is preparing for school.

Chłopiec przygotowuje się do szkoły.

The boy is excited to go to school.

Chłopiec jest podekscytowany pójściem do szkoły.

The tiger is wearing a bow on its neck.

Tygrys ma na szyi kokardę.

A formal tiger is waving his hand for a yellow taxi.

Oficjalny tygrys macha ręką za żółtą taksówką.

It is orange and black.

Jest pomarańczowy i czarny.

The snake is licking its lip because it is hungry.

Wąż oblizuje wargę, ponieważ jest głodny.

The snake is very slimy.

Wąż jest bardzo oślizgły.

The snake has polka dots.

Wąż ma kropki.

The dragon is waving his hand.

Smok macha ręką.

The big ancient dragon says hello to you.

Wielki starożytny smok przywitał się z tobą.

Dragons are very friendly and have scales on their backs.

Smoki są bardzo przyjazne i mają łuski na plecach.

The ant is telling a story.

Mrówka opowiada historię.

An ant is tiny in size, but very strong.

Mrówka jest niewielka, ale bardzo silna.

I found an ant.

Znalazłem mrówkę.

The green frog is trying to catch the fly.

Zielona żaba próbuje złapać muchę.

The frog is catching a fly.

Żaba łapie muchę.

The frog is chasing the fly.

Żaba goni muchę.

Talented, Mr. Clown is juggling five red balls.

Utalentowany pan Clown żongluje pięcioma czerwonymi kulkami.

The funny clown is juggling with skill.

Zabawny klaun żongluje umiejętnościami.

The clown is juggling balls for his performance.

Klaun żongluje piłkami za swój występ.

Mr. Snowman is holding a broom and saying goodbye.

Pan Bałwan trzyma miotłę i żegna się.

The snowman was just done cleaning the yard.

Bałwan właśnie skończył sprzątać podwórko.

I made a snowman.

Zrobiłem bałwana.

My dad works on the computer.

Mój tata pracuje na komputerze.

The laptop is saying hi to the user.

Laptop wita się z użytkownikiem.

That is my dad's computer.

To jest komputer mojego taty.

The kite is on the ground.

Latawiec leży na ziemi.

The kite is on the ground.

Latawiec leży na ziemi.

The kite has a beautiful tail.

Latawiec ma piękny ogon.

The farmer is driving his truck.

Rolnik prowadzi swoją ciężarówkę.

The farmer is driving a tractor.

Rolnik prowadzi ciągnik.

The farmer is chewing on a piece of wheat.

Rolnik żuje kawałek pszenicy.

The Pencil is saying hello to you.

Ołówek wita się z tobą.

The pencil is scribbling a line with the lead.

Ołówek rysuje linię ołowiem.

The pencil is drawing a zig-zag line.

Ołówek rysuje linię zygzakowatą.

The penguin lives in the arctic.

Pingwin żyje w arktyce.

The penguin lives in cold regions.

Pingwin żyje w zimnych regionach.

The penguin eats fish.

Pingwin je ryby.

The giraffe has an extremely long neck.

Żyrafa ma wyjątkowo długą szyję.

The giraffe has many spots.

Żyrafa ma wiele miejsc.

The giraffe eats vegetables.

Żyrafa je warzywa.

The maid is cleaning our room.

Pokojówka sprząta nasz pokój.

The little girl is carrying two buckets loads of water.

Mała dziewczynka niesie dwa wiadra z dużą ilością wody.

The girl is wearing a dress.

Dziewczyna ma na sobie sukienkę.

The octopus has eight tentacles.

Ośmiornica ma osiem macek.

The octopus has very long tentacles.

Ośmiornica ma bardzo długie macki.

The octopus lives underwater.

Ośmiornica żyje pod wodą.

The bat is ready to fly.

Nietoperz jest gotowy do lotu.

The bat is hugging the letter.

Nietoperz ściska list.

The bat sleeps upside down.

Nietoperz śpi do góry nogami.

The magician plays a trick.

Mag gra sztuczkę.

The magician summoned a rabbit out of his hat.

Mag wezwał królika z kapelusza.

The rabbit is very young.

Królik jest bardzo młody.

The happy and excited eight is holding up eight fingers

Szczęśliwa i podekscytowana ósemka trzyma osiem palców

The eight is licking its lip because it sees eight trays of fried chicken.

Ósemka oblizuje wargę, ponieważ widzi osiem tac smażonego kurczaka.

A spider has eight legs.

Pająk ma osiem nóg.

The chick is on the telephone talking with his friend.

Laska rozmawia przez telefon ze swoim przyjacielem.

The little chick is using his mother's phone to play music.

Mała pisklę używa telefonu swojej matki do odtwarzania muzyki.

The bird is small.

Ptak jest mały.

The elephant is shy.

Słoń jest nieśmiały.

The elephant has big ears.

Słoń ma duże uszy.

The elephant has eyelashes.

Słoń ma rzęsy.

Ram has a large horn and fluffy wool.

Baran ma duży róg i puszystą wełnę.

The ram is smiling because it just took a bath.

Baran uśmiecha się, ponieważ właśnie się wykąpał.

This ram lives in the farmhouse.

Ten baran mieszka w domu wiejskim.

The white sheep have a lot of fluffy white wool to give away.

Białe owce mają dużo puszystej białej wełny do rozdania.

This sheep is so fluffy.

Ta owca jest taka puszysta.

The sheep are skinny.

Owce są chude.

The crocodile is excited.

Krokodyl jest podekscytowany.

The jumping crocodile is happy.

Skaczący krokodyl jest szczęśliwy.

The alligator is jumping.

Aligator skacze.

The number "four" is counting to four.

Liczba „cztery" liczy się do czterech.

The four saw four dolphins at the ocean.

Czterej widzieli cztery delfiny nad oceanem.

My cat has four legs.

Mój kot ma cztery nogi.

The number "two" is holding up bunny ears.

Liczba „dwa" trzyma uszy królika.

Number two is posing for a selfie.

Numer dwa to selfie.

I have two ears.

Mam dwoje uszu.

The queen is beautiful.

Królowa jest piękna.

The queen has a pink wand.

Królowa ma różową różdżkę.

The queen has a wand.

Królowa ma różdżkę.

The ladybug is on the leaf.

Biedronka jest na liściu.

The ladybug is smiling.

Biedronka się uśmiecha.

The ladybug has six legs.

Biedronka ma sześć nóg.

A rat is on top of the letter M

Szczur znajduje się nad literą M.

The mouse has very long whiskers.

Mysz ma bardzo długie wąsy.

I like mice.

Lubię myszy.

The happy frog is wearing a green hat.

Szczęśliwa żaba ma na sobie zielony kapelusz.

The green frog is wearing a green hat.

Zielona żaba ma na sobie zielony kapelusz.

The frog is going to a party.

Żaba idzie na imprezę.

The smiling number nine is saying its name out loud.

Uśmiechnięta dziewiąta wypowiada na głos swoją nazwę.

The nine is saying that 4+5=9.

Dziewięć mówi, że 4 + 5 = 9.

My sister has nine stuffed animals.

Moja siostra ma dziewięć pluszaków.

Teddy is licking a red and white candy cane.

Teddy liże czerwono-białą laskę z cukierkami.

The brown teddy bear is wearing a bright green hat.

Brązowy miś ma na sobie jasnozielony kapelusz.

The bear likes to eat sweets.

Niedźwiedź lubi jeść słodycze.

The green parrot came from the forest to the zoo.

Zielona papuga przybyła z lasu do zoo.

The parrot is just learning how to fly in the sky.

Papuga właśnie uczy się latać na niebie.

The parrot is colorful.

Papuga jest kolorowa.

The duck has a big nose.

Kaczka ma duży nos.

The duck just dropped its little oval eggs.

Kaczka właśnie upuściła swoje małe owalne jaja.

The duck has three eggs.

Kaczka ma trzy jajka.

The Pencil is leaving to go on a long relaxing vacation.

Ołówek wyjeżdża na długie relaksujące wakacje.

The pencil wakes up bright and early to go to work.

Ołówek budzi się jasno i wcześnie, aby iść do pracy.

The pencil put on a big smile and went to work.

Ołówek uśmiechnął się szeroko i poszedł do pracy.

The hippo has a big head.

Hipopotam ma dużą głowę.

The hippo is amazed at how big his teeth are.

Hipopotam jest zdumiony, jak duże są jego zęby.

The hippo has a big head.

Hipopotam ma dużą głowę.

The nurse looks scary, holding a syringe.

Pielęgniarka wygląda przerażająco, trzymając strzykawkę.

The nurse is helping patients get better.

Pielęgniarka pomaga pacjentom wyzdrowieć.

The nurse helps the doctor.

Pielęgniarka pomaga lekarzowi.

My favorite fruit to eat is a banana.

Moim ulubionym owocem do jedzenia jest banan.

The banana is yellow.

Banan jest żółty.

My dad bought a lot of bananas in the market.

Mój tata kupił dużo bananów na rynku.

That is a beautiful ring.

To jest piękny pierścionek.

The ring has a diamond jewel on it.

Pierścień ma diamentowy klejnot.

That is my ring.

To jest mój pierścionek.

The number "three" is saying you got 3 out of 3.

Liczba „trzy" oznacza, że masz 3 z 3.

Number three is counting to three.

Numer trzy liczy się do trzech.

I have three buttons on my dress.

Na sukience mam trzy guziki.

The one and the zero are holding hands.

Jeden i zero trzymają się za ręce.

One and Zero together are ten.

Jeden i zero razem mają dziesięć.

I have ten toes in total.

Mam w sumie dziesięć palców.

The zebra has black and white stripes.

Zebra ma czarno-białe paski.

The zebra is smiling widely

Zebra uśmiecha się szeroko

The zebra has a tail.

Zebra ma ogon.

The cute monster is flying around.

Słodki potwór lata.

The monster has a pointy horn.

Potwór ma spiczasty róg.

The little monster has a long tail.

Mały potwór ma długi ogon.

I had a small birthday cake for my party.

Na przyjęcie miałem mały tort urodzinowy.

This birthday cake is for a little kids.

Ten tort urodzinowy jest dla małego dziecka.

I have a candle on my cake.

Mam świeczkę na torcie.

The frog is trying to catch the fly.

Żaba próbuje złapać muchę.

The frog uses its tongue to catch prey.

Żaba używa języka do chwytania zdobyczy.

The frog is hopping.

Żaba skacze.

My mom bought me a new backpack to take to school.

Moja mama kupiła mi nowy plecak do szkoły.

The green backpack is holding all my belongings.

Zielony plecak mieści wszystkie moje rzeczy.

My bag has many pockets.

Moja torba ma wiele kieszeni.

The little boy was running.

Mały chłopiec biegł.

The sprinter is winning first place in a race.

Sprinter zdobywa pierwsze miejsce w wyścigu.

The boy is running.

Chłopiec biegnie.

The carpenter is fixing something.

Stolarz coś naprawia.

The man is coming to fix the ship.

Mężczyzna idzie naprawić statek.

The man is wearing a belt.

Mężczyzna ma na sobie pasek.

There is jam on the bread.

Na chlebie jest dżem.

You can put jam on toast to give it more taste.

Możesz ułożyć dżem na grzance, aby nadać mu więcej smaku.

Mom bought a new bottle of jam.

Mama kupiła nową butelkę dżemu.

The turtle has a robust shell but is very slow.

Żółw ma solidną skorupę, ale jest bardzo wolny.

The tortoise lives on land, unlike turtles.

Żółw żyje na lądzie, w przeciwieństwie do żółwi.

The tortoise has a pointy shell.

Żółw ma spiczastą skorupę.

The frog is waving to us.

Macha do nas żaba.

The frog says goodbye to me and you.

Żaba żegna się ze mną i z tobą.

The frog has a big mouth.

Żaba ma duże usta.

A smart owl is reading an alphabet book.

Sprytna sowa czyta książkę z alfabetem.

The young brown owl is learning to read.

Młoda brązowa sowa uczy się czytać.

Owl likes to read big books.

Sowa lubi czytać duże książki.

Santa Claus is giving extraordinary presents to excited kids.

Święty Mikołaj daje niezwykłe prezenty podekscytowanym dzieciom.

Santa Claus is delivering presents to the children.

Święty Mikołaj dostarcza dzieciom prezenty.

Santa is happy.

Święty Mikołaj jest szczęśliwy.

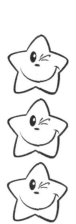

A little cow is walking around near the barn.

W pobliżu stodoły chodzi mała krowa.

The calf is wandering around.

Cielę błąka się po okolicy.

That is a baby cow.

To jest mała krowa.

My cat likes to eat fish.

Mój kot lubi jeść ryby.

The cat is looking for more treats.

Kot szuka więcej smakołyków.

My cat has big eyes.

Mój kot ma wielkie oczy.

The boy is carrying so many books!

Chłopiec nosi tyle książek!

The smart little boy is carrying heavy books to study.

Sprytny mały chłopiec nosi ciężkie książki do nauki.

The boy is carrying a lot of books.

Chłopiec niesie dużo książek.

The queen bee has a beautiful wand.

Królowa pszczół ma piękną różdżkę.

The beehive has a leader who is a magical bee.

Ula ma przywódca, który jest magiczną pszczołą.

She is wearing a crown.

Ona ma na sobie koronę.

Chef Octopus is serving a delicious turkey dinner.

Ośmiornica szefa kuchni podaje pyszny obiad z indyka.

The octopus cooked delicious food for its friends.

Ośmiornica przygotowała pyszne jedzenie dla swoich przyjaciół.

The octopus is working as a chef and serving food.

Ośmiornica pracuje jako szef kuchni i serwuje posiłki.

The children are going on a field trip on the yellow bus.

Dzieci jadą na wycieczkę żółtym autobusem.

The children go to school on a bus.

Dzieci jadą do szkoły autobusem.

The kids on the school bus are going to school.

Dzieci w szkolnym autobusie idą do szkoły.

The number "six" is saying 1+5=6.

Liczba „sześć" oznacza 1 + 5 = 6.

The six are excitedly jumping up and down.

Sześciu z podniecenia skacze w górę i w dół.

A butterfly has six legs.

Motyl ma sześć nóg.

He likes to paint.

On lubi malować.

The house painter is almost done with his daily work.

Malarz prawie kończy codzienną pracę.

He has a bucket of paint.

Ma wiadro z farbą.

The Chipmunk is about to eat a brown acorn.

Wiewiórka ma zamiar zjeść brązowego żołędzia.

The chipmunk brought home a giant acorn.

Wiewiórka przyniosła do domu gigantycznego żołędzia.

The chipmunk has a soft tummy.

Wiewiórka ma miękki brzuch.

An astronaut has to explore our universe so that we would have more knowledge.

Astronauta musi zbadać nasz wszechświat, abyśmy mieli więcej wiedzy.

The astronaut saw something in the distance.

Astronauta zobaczył coś w oddali.

The astronaut is going on a mission.

Astronauta jedzie na misję.

My toy box contains a lot of toys.

Moje pudełko z zabawkami zawiera wiele zabawek.

The toy chest is full of toys.

Skrzynia z zabawkami jest pełna zabawek.

I have stuffed animals, balls, and other toys in my toy box.

W pudełku z zabawkami mam wypchane zwierzęta, piłki i inne zabawki.

Made in the USA
Las Vegas, NV
22 January 2022